EVROPA

HANS MAYER

ÜBER ERICH FRIED

EUROPÄISCHE VERLAGSANSTALT

»Dem Andenken Erich Frieds. Rede auf der Trauerfeier des Wiener Burgtheaters am 11. Dezember 1988« aus »Abend der Vernunft. Reden und Vorträge 1985–1990«.

Erich Fried: »Exkurs: Paul Celan. Für Hans Mayer« in Erich Fried: »Am Rande unserer Lebenszeit«. Gedichte. Verlag Klaus Wagenbach, Berlin, 1987

Die Handschrift Erich Fried erscheint mit freundlicher Genehmigung von Michael Lewin.

CIP-Titelaufnahme der Deutschen Bibliothek

Mayer, Hans:
Über Erich Fried/Hans Mayer. – Hamburg: Europ. Verl.-Anst., 1991
ISBN 3-434-50000-6

Einbandgestaltung: MetaDesign, Berlin (Uli Mayer)
Motiv Georg Eisler: Dreimal Erich Fried, 1985

Signet: Dorothee Wallner nach Caspar Neher »Europa« (1945)

Satzherstellung Utesch Satztechnik GmbH, Hamburg
Druck und Bindung Ebner Ulm
Printed in Germany

AUGENBLICKE MIT ERICH FRIED
1991

REDE AUF ERICH FRIED
1986

DEM ANDENKEN ERICH FRIEDS
1988

AUGENBLICKE MIT ERICH FRIED

■ Es will mir nicht gelingen, genau die Umstände zu erinnern, die zu unserer ersten Begegnung führten. Ganz sicher war es nicht so, daß da einer stand und uns miteinander bekanntmachte, worauf wir ein vertrautes oder auch höchst unvertrautes Gespräch miteinander führen konnten.

So war es gewiß nicht. Ich nehme an, daß ich Erich Fried in den ersten Nachkriegsjahren irgendwo in Berlin kennenlernte. Da häuften sich die Kongresse der Schriftsteller, der Antifaschisten, der zurückgekehrten oder noch nicht wirklich zurückgekehrten Emigranten. Die Russen, Amerikaner und Engländer präsentierten ihre Rezepte für die deutsche Zukunft: verstanden jeweils als Zukunft der jeweiligen Besatzungszone. Die Franzosen blieben noch im deutschen Südwesten. Baden-Baden und die neue Universität Mainz genügten ihnen, mit Thomas Mann zu sprechen, als »geistige Lebensform«.

Woran ich mich freilich genau erinnere, das ist eine Warnung vor Erich Fried. War es beim Ersten deutschen Schriftstellerkongreß im Oktober 1947, oder war es etwas später bei einer anderen ähnlich strukturierten Bilanzierungstagung, daß einer der heimgekehrten deutschen Kommunisten, mit denen ich damals im Bündnis stand, höchst negativ über den Österreicher Erich Fried sprach? Der sei ein Berichterstatter der British Broadcasting Corporation, also der »berüchtigten« BBC. Man weiß heute, daß kommunistische Politiker damals durch Stalins Geheimpolizei zum Galgen geführt wurden in Sofia, Budapest oder Prag, weil sie – im Rahmen der Sieger-Allianz über das Dritte Reich – mit den westlichen Medien und Institutionen irgendeine Verbindung gehabt hatten. Der deutsche Kommunist Leo Bauer hatte auf Wunsch der Russen und seiner kommunistischen Parteifreunde mit Hilfe der amerikanischen Militäradministration die Rückkehr vieler Emigranten nach Kriegsende organisiert. Ab 1948 war das eine haarsträubende und todeswürdige Verräterei, die für Bauer zwar nicht mit einer Hinrichtung, doch mit einer Deportation nach Workuta enden sollte. Er konnte dann befreit werden, kam zurück in die Bundesrepublik, war aber bereits vom Tode gezeichnet. Aber Leo Bauer hatte nur im Parteiauftrag mit westlichen Stellen wünschbare Aufgaben abgewickelt.

Erich Fried hingegen war – gleichfalls im Rahmen einer Allianz der späteren Siegermächte – Rundfunksprecher gewesen bei den Engländern. Wäre Erich Fried, aus welchen Gründen immer, nach Kriegsende aus London in die sowjetische Besatzungszone gekommen, um dort, gemäß der offiziellen Formel, an der »demokratischen Erneuerung Deutschlands« teilzunehmen, er wäre im günstigsten Falle auch nach Workuta verschickt worden.

Erich Fried aber hatte, wie man später erfuhr, durchaus nicht das englische Exilland, wohin er auch seine Mutter noch hatte retten können, verlassen, sondern bloß die British Broadcasting Corporation. Ich habe niemals später mit Erich über die Gründe gesprochen. Da gab es, wie immer bei ihm, sowohl allgemein politische wie höchst persönliche Argumente. Fest steht in meiner Erinnerung hingegen, daß ich gegen Ende der vierziger Jahre, als ich bereits meine Professur an der Leipziger Universität angetreten hatte, von irgendeiner östlichen Stelle darauf hingewiesen wurde, dieser Erich Fried sei ein außerordentlich aufgeschlossener Mann, für dessen literarische Arbeit man sich interessieren sollte. Ich war Professor der deutschen Literatur und der vergleichenden Literaturwissenschaft.

Dies alles ist in der Erinnerung nebelhaft geblieben: Gerüchte wohl nur, zunächst negative, dann positive. Ich verband damals auch keine konkrete Erinnerung an irgendeine Begegnung mit Erich Fried. Vielleicht las ich ab und zu eines seiner Gedichte, hatte aber keinerlei Vorstellung von der Begabung oder Nicht-Begabung dieses Autors. Neugierig war ich nicht auf diesen Schriftsteller nach dem Verzehren solcher poetischen Häppchen.

Der Nebel wich, als ich im Laufe der fünfziger Jahre allmählich sowohl den Autor wie den späteren Freund Erich Fried für mich entdeckte. Im Jahre 1954 las ich Erich Frieds Übersetzung von »Under Milk Wood« von Dylan Thomas. Der hatte sein »Spiel für Stimmen« am 24. Oktober 1953 in New York aufführen lassen: mit großem Erfolg. Die englische Ausgabe erschien in London im Jahre 1954. Erich Fried war eng verbunden mit dem genialischen Dichter aus Wales. Er übersetzte das Stück »Unter dem Milchwald«. Es wurde dann auch auf deutschen Bühnen ein großer Erfolg. Ich sah die West-Berliner Aufführung, dann las ich das Stück, dann hatte ich für mich damit zwei Autoren entdeckt: den Dylan Thomas, dem ich leider niemals begegnen sollte, und den Erich Fried.

Den hatte ich bis dahin immer wieder einmal bei irgendwelchen allgemeinen Zusammenkünften von Autoren getroffen. Daß Erich in jenem

Jahre 1954 am Internationalen Kongreß des PEN-Clubs in Amsterdam teilnahm, wohin ich zusammen mit Arnold Zweig, Brecht und Peter Huchel gefahren war, glaube ich nicht. Aber ein Jahr später war er dann dabei, in seiner Vaterstadt Wien an jenen schönen Frühjahrstagen des Jahres 1955, als der PEN-Club, kurze Zeit nach dem alliierten Staatsvertrag über Österreich, in Wien tagte. Die Kälte des Kalten Krieges war immer noch spürbar, doch Erich Fried betätigte sich, wie immer wieder später, und immer wieder fast unbedankt, als Vermittler zwischen den Sektoren und auch den Sektierern.

Wirkliche und vertraute Gespräche haben wir dann erst in den folgenden Jahren im Rahmen der Gruppe 47 geführt. Da wußte ich nun, wer das war, mit dem ich sprach. Seitdem bleibt bei mir der Eindruck vorherrschend, *daß ich ihn immer schon kannte,* und daß er immer schon mein Freund war. Ich meine sogar, daß ich früher als Erich diese Gefühlsentscheidung vollzog. Er hat – vielleicht weil er stärker als ich beeinflußbar blieb durch gute oder böse Ratschläge anderer Leute – wesentlich mehr Zeit gebraucht, bis er mich gefunden hatte. Es will mir aber beim Rückblick scheinen, als hätte ich zwar weniger Zeit gebraucht als Erich Fried, den Freund im anderen zu entdecken, dafür aber einige Zeit verstreichen lassen, bis ich Dimension und Format des *Dichters* Erich Fried ermessen konnte.

Es geht wohl noch auf jene mittleren fünfziger Jahre zurück, daß ich Erich Fried, dem Kind eines jüdischen Elternhauses zu Wien, von meinem jüdischen Elternhaus in Köln am Rhein erzählte. Von meiner Schulzeit, den albernen Schulaufsätzen, darunter einem mit dem besonders albernen Titel »*Was ist uns Deutschen der Wald?*« Erich Fried lachte, als ich davon erzählte, dann verging ihm das Lachen. Man begreift, wenn man sein berühmt gewordenes Gedicht liest, das eben den Titel meines Kölner Primaneraufsatzes als Überschrift trägt: »Was ist uns Deutschen der Wald?«. Er hat mir das Gedicht gewidmet. Ich habe später oft Lesungen von ihm gehört. Genau so wie Peter Huchel betrachtete auch Erich die Widmung eines Gedichtes als dessen Bestandteil. Die wurde stets mitgelesen.

■ Bei den Tagungen der Gruppe 47, an welchen ich seit 1959 regelmäßig teilnahm, saßen wir meistens in der ersten Reihe nebeneinander. Damit hatte der Chef Hans Werner Richter, indem er es duldete, zu erkennen gegeben, daß er Fried auch als namhaften Kritiker für sich eingeordnet hatte: im Rang also gleichberechtigt neben Höllerer oder Walter Jens und Joachim Kaiser. Es gibt schöne Photographien, die uns beide, den Fried und den Mayer, dort nebeneinander zeigen. Meistens in heiterer Stimmung. Erich hatte viel Humor, wodurch er sich gerade auch den Bewohnern seines britischen Exillandes empfahl. Womit er sich übrigens auch als Shakespeare-Übersetzer empfehlen konnte. In den Debatten nach einer Lesung vor den 47ern war Erich, ganz wie in allen seinen übrigen Lebensbereichen, ein Mann der Mitte und der Vermittlung. Was entschiedene Stellungnahmen keineswegs ausschloß. Doch erinnere ich mich nicht an irgendeinen fulminanten Verriß. Es lag ihm nicht, dem Erich Fried, durch geistvolle Bosheit für sich Gelächter zu erzeugen und einen Schriftsteller zu demütigen, der gerade vor der Gruppe einen neuen Text vorgetragen hatte. Es gehörte zu seinen Eigentümlichkeiten: daß er überhaupt nicht geltungssüchtig war. Er flößte Vertrauen ein, war kein Angeber, nahm andere Menschen ernst, hätte es abscheulich gefunden vor sich selbst, sie zu benutzen für den eigenen Aufstieg, indem er sie entweder demütigte oder umschmeichelte.

Dieses Gefühl für Fairneß, das eng und merkwürdig verbunden war mit einem geheimen Unernst gegenüber allem, was mit Literatur zu tun hatte, darf nicht mit lauwarmer Freundlichkeit verwechselt werden. Die konnte er nicht ausstehen. Er glaubte an seine geistigen und politischen Positionen, auch wenn er sie insgeheim im Laufe der Jahre immer ein bißchen für sich selbst revidierte. Wer mit solchen Positionen vor ihm in Widerspruch geriet, bekam es zu spüren. Dann gab es keine Jovialität, sondern Zorn und lautstarken Eifer.

Den habe ich auch ein paarmal zu spüren bekommen, und es sah so aus, als habe Erich mir nicht bloß die noch junge Freundschaft gekündigt, sondern alles Wohlwollen entzogen. Sonderbar aber: ich vergesse Kränkungen nicht leicht, wenn überhaupt, bin sozusagen »nachtragend«, wie man das zu nennen pflegt. Allen Zorn aber meines Erich Fried habe ich, wie ich heute weiß, niemals besonders ernstgenommen. Wir hatten uns entzweit über Literatur und Autoren. Einverstanden. Das schloß für mich die Nähe zu ihm überhaupt nicht aus. Erich hat das damals wohl anders gesehen.

Da gab es beispielsweise im Jahre 1967 die schöne Geschichte mit dem Schweinekopf und der Schweinekopfsülze. Das war ein Gedicht von Günter Grass aus dem damals gerade erschienenen dritten Gedichtband »Ausgefragt«. Es war eigentlich der Text mit der Überschrift »Schweinekopfsülze«, eingebunden mit ein paar anderen Texten unter dem Obertitel »Zorn Ärger Wut«.

Poetische Emotionen des Autors der »Blechtrommel« am Vorabend gleichsam des Jahres 1968.

Das Gedicht von der Schweinekopfsülze kommt zweigleisig daher, voller Tücke. Es beschreibt sehr ausführlich und – wie so gern und häufig bei Günter Grass – höchst unappetitlich die Herstellung einer Schweinekopfsülze mit allen Einzelheiten, wie man sich das Fett in den Schweineohren zunutze macht, wie man die Zähne auszubrechen hat usw. Bis man schließlich die Sülze lieben Gästen servieren kann und sogar noch einen Nebengewinn erzielt in Form einer schmackhaften Suppe:

> die, wenn man Wruken, Graupen, sonstige
> Kümmernisse
> oder geschälte Erbsen beilegt,
> kinderreichen Familien ein zwar einfaches,
> aber nahrhaftes Essen zu ersetzen vermag.

So weit, so gut, oder schlecht. Das war das eine Geleise dieses Gedichts. Auf dem zweiten Geleise aber erfuhr man: Zorn, Ärger, Wut. Mitgekocht wird vom Autor die Wut. Auch sie muß kalt werden als Sülze, um dann »kalt genossen zu werden«. Es ist die Wut des Sozialdemokraten Günter Grass, der als solcher natürlich verachtet wird von den künftigen Achtundsechzigern. Mithin auch von Erich Fried. Der macht sich als Rezensent zum Sprecher seiner Freunde, indem er den Gedichtband »Ausgefragt« schnöde verreißt. Freilich ohne die leiseste Andeutung darüber, daß er, in Sachen der Schweinekopfsülze und der mitgekochten Wut, doch wohl selbst hier Partei ist.

Ich las die Rezension von Fried und ärgerte mich darüber. Der Berliner »Tagesspiegel« hatte mich gebeten, den Gedichtband von Grass zu rezensieren. Ich war im Rückstand mit der Rezension, hatte andere Arbeiten vorher zu erledigen, schrieb also erst nach einiger Zeit über die Neuerscheinung. Ich teilte aber in meinem Text mit, daß ich zwar im Verzug sei, aber nun den Vorteil hätte, die Rezensionen anderer Kollegen gelesen zu haben. Dann machte ich mich her über Erich Frieds Rezension. In Sachen der Schweinekopfsülze sei er nun einmal Partei und hätte dem freundlichen Leser das wohl mitteilen sollen. Im übrigen sei ich auch literarisch nicht der Meinung des geschätzten Kollegen.

Erich muß sich wütend geärgert haben über meinen Angriff. Ich las kurz darauf – vermutlich hat er selbst sie mir geschickt – seine Entgegnung, worin er meine Mitteilung, daß ich verspätet rezensiert hätte, seinerseits zusammenkocht mit dem Thema jenes Gedichtes. Jedenfalls wurde ich von Erich Fried in seiner Polemik nun als »hinterherhinkender Schweinekopf« apostrophiert.

Auf Ehre: ich habe mich damals nicht geärgert, habe nur gelacht. Es war einfach zu blöde. Aber damit war unsere persönliche Beziehung abgebrochen. Sollte ich, der verspätete Schweinekopf, nun antworten?

Ich will nicht in den Büchern nachsehen, wann alles genau gewesen ist, sondern dem Spiel, sogar der Ungenauigkeit, der Erinnerung folgen. Um jene Zeit der Jahre 1967 und 1968 veranstaltete ich als Professor der Technischen Hochschule, dann Universität Hannover ein literarisches Colloquium. Wir luden regelmäßig begabte, aber noch nicht wirklich prominente Autoren zu Lesungen ein. Ein ganzes Wintersemester lang holten wir uns die Autoren nur aus Österreich. Es klingt heute fast unwahrscheinlich, was damals ohne Schwierigkeit stattfinden konnte. Alle Eingeladenen waren gekommen im Laufe des Semesters: Ernst Jandl, Friederike Mayröcker, Oswald Wiener, Erich Fried, Peter Handke, Thomas Bernhard. Damals aber kam es nicht zu einer Begegnung mit Erich, denn am Tage seines Auftretens mußte ich im Ausland sein, ließ mich bei der Veranstaltung durch einen Mitarbeiter vertreten, hörte dann bei der Rückkehr, Erich Fried habe selbstverständlich großen Erfolg gehabt bei der Lesung, sei aber freundlich, sogar herzlich gewesen, habe sich auch, als wäre nichts geschehen, nach mir erkundigt und Grüße aufgetragen.

Später gab es noch einmal einen poetischen Krach zwischen uns. Diesmal hatte ich den Streit angefangen. Ich bin wahrlich kein Lyriker, schreibe aber bisweilen boshafte Epigramme, die man nicht mit Gedichten verwechseln sollte. Als ich ein Dutzend beisammen hatte, dazu eine Coda als Nummer 13, ließ ich sie bei Hans Bender in den »Akzenten« drukken. Boshaftigkeiten vom Anti-Theater bis zu Zwerenz. Häufig mit einem abgewandelten berühmten Zitat als Ausgangspunkt. So auch im Falle von Erich Fried:

Geh aus mein Herz und suche Fried:
Das Morgenblatt soll er bedichten,
Damit beim Lesen der Geschichten
Man gleich die Nutzanwendung zieht.

Das richtete sich gegen Erichs damalige Tendenz, möglichst jede politische und gesellschaftliche Aktualität, ohne Rücksicht auf die Frage, ob richtig oder falsch berichtet worden war, umzufunktionieren mit Hilfe eines Gedichtes. Auch diesmal hatte er es gelesen, wie er alles las. Die Antwort war fällig. Sie fiel vergleichsweise milde aus. Es entstand ein Gegengedicht, das er mir zuschickte. Es lautete so:

> Geh ein mein Herz, getroffen von Hans Mayer,
> von einer Xenie fein und dennoch roh,
> längst kennt auch andre Lieder meine Leier
> allein – Dein Spott macht meine Feinde froh –
> Die Nutzanwendung, daß sie jeder sieht:
> Krieg den Palästen, aber Fried' dem Fried.

Man sieht: der gebildete Literat Erich Fried antwortete auf ein Epigramm, das mit der Paraphrase eines Zitats aus dem Barockzeitalter begonnen hatte, gleichfalls mit einem Zitat, das er jedoch an den Schluß seiner Polemik stellte und das er sich bei Georg Büchner und dem »Hessischen Landboten« entlieh. Friede den Hütten, Krieg den Palästen. Erich Fried als die Hütte.

Es muß um jene Zeit gewesen sein, daß man uns beide nach Hamburg einlud: zur Teilnahme an einem der Bergedorfer Gespräche. Der Gastgeber Kurt A. Koerber pflegte seine Gäste dann jeweils in einem berühmten Hotel der Hansestadt unterzubringen. Dort standen wir plötzlich nebeneinander am Empfang. Wir waren gleichzeitig eingetroffen und warteten darauf, untergebracht zu werden. Ich hatte ihn gar nicht gesehen. Er kam auf mich zu, hatte ein komisch-demütiges Gesicht aufgesetzt und sagte: »Hans, bist du mir sehr böse?« Ich wußte sofort Bescheid, lachte, dann sagte ich: »Erich, du hast bei mir einen fast unbegrenzten Kredit.«

■ Er war halt ein Lyriker, auch mitten im politischen Getümmel, und ganz sicher im banalen Alltag. Alles wurde ihm zur Inspiration, zum Text, zum Sprachspiel, in wichtigeren Fällen zur dichterischen Aussage. Gerade dadurch aber hat er scheinbare oder wirkliche Mitstreiter, die nun wahrlich keine Lyriker waren, oft irritiert oder auch verstört. Darüber erfuhr man immer wieder, wenn von Veranstaltungen berichtet wurde, an denen Fried teilgenommen hatte. Erich hatte feste und unabdingbare Überzeugungen, doch irgendein Fraktionszwang war ihm ganz fremd. Bei einer öffentlichen Debatte – war es nicht bei einem dieser turbulenten Römerberg-Gespräche in Frankfurt? – sei er mitten in einer Diskussion, wo die Fetzen flogen, plötzlich aufgestanden, um seinen (scheinbaren) Parteifreunden erzürnt zuzurufen: »Also, liebe Freunde, so kann man doch nicht diskutieren ...«. Als man mir davon berichtete, habe ich mich gefreut. Dergleichen kannte auch ich. Ein Vertreter des Studentenrates hatte mir in Hannover vor einer wichtigen akademischen Sitzung einmal gesagt: »Bei Ihnen weiß man ja nie, wie Sie abstimmen werden.« Er hatte recht. Ich stimmte ab nicht im Sinne einer Liste oder Fraktion, sondern jeweils nach meiner Beurteilung des Tagesordnungspunktes.

Zum lyrischen Engagement Erich Frieds im politischen und gesellschaftlichen Leben hat es wohl gehört, daß er nicht bloß zuhören konnte, wenn man ihm widersprach, sondern daß er sich auch überzeugen ließ. Dann verließ er, aus geistiger Redlichkeit, mitten in der öffentlichen Debatte die bisherige Position und teilte mit, daß er die Dinge jetzt anders verstanden habe. Auch da gab es wieder in der eingeschworenen Fraktion die Irritation nebst Verstörung.

Zu Beginn der 80er Jahre, wir waren längst wieder gut Freund miteinander, wurden wir gemeinsam nach Hannover eingeladen zur öffentlichen Debatte über ein angebliches Unrecht, das meine dortige Universität (ich war längst emeritiert) an einem bedeutenden Bildenden Künstler begangen habe, einem Mitglied ihres Lehrkörpers. Gegner der Hochschule zeigten sich bemüht, den Fall, der gar keiner war, möglichst hochzuspielen. Man verglich das angebliche Unrecht mit dem Verhalten der einstigen Technischen Hochschule Hannover aus den 20er Jahren gegenüber ihrem Philosophieprofessor Theodor Lessing. Den hatte man in der Tat politisch verfolgt, geächtet, ins Exil getrieben, wo man ihn, als Deutschland erwachte, offiziell umbringen ließ. Es wurde ein Kopfgeld gezahlt. Der Vergleich der jetzigen Hannoverschen Kontroverse mit dem Fall Theodor Lessing war absurd. Das versuchte ich in einer ausführlichen Analyse des Falles auseinanderzusetzen. Gedankt haben mir später dafür sowohl die Universität als auch der Maler-Kollege. Erich Fried hatte vor mir gesprochen: von Grund auf falsch informiert und folglich anklägerisch, wozu es gar keinen Anlaß gab. Nach meinem Vortrag sah alles anders aus. Erich dachte nicht daran, nun den ursprünglichen Standpunkt eigensinnig beizubehalten. Man ging freundlich auseinander. Es war eine klärende Debatte gewesen.

■ In Wien habe ich ihn einmal, um die Mitte der 60er Jahre, als Lyriker bei der Arbeit erleben können. Die Österreichische Gesellschaft für Literatur hatte zu einem Symposion eingeladen über Probleme des zeitgenössischen Romans. Eine hochrangige Besetzung war angekündigt und in der Tat eingetroffen. Von Elias Canetti bis zu Alain Robbe-Grillet. Die Zuhörer saßen unten im

Saal, für uns Referenten hatte man auf der Bühne einen großen Runden Tisch vorbereitet. Abermals saß ich neben Erich Fried. Er hat drei Tage lang ununterbrochen gedichtet. Was das Zuhören keineswegs ausschloß. Bisweilen meldete er sich auch zu Wort, dann merkte man, daß er alles mitbekommen hatte. Im übrigen schrieb er. Wenn ein »Gedicht« fertig war, schob er es zu mir herüber. Ich schaute es an, nickte dann ein paarmal, retournierte es zumeist ohne Anmerkung. Dann nickte er. Die Faszination seines Gedichtbandes »Reich der Steine« von 1963 wirkte immer noch weiter. Nahezu alle Texte, so erinnere ich mich, die er zu mir herüberschob, hatten mit diesen Steinen zu tun, und natürlich mit der Sprache. Das durchaus Unmenschliche des Gesteins soll in die höchste Menschlichkeit einbezogen werden, nicht allein in menschliches Sprechen, sondern in die Sprache des Gedichts.

Der Lyriker Erich Fried wäre vermutlich verwundert gewesen, hätte man ihm vorwurfsvoll mitgeteilt: so schnell und so laufend, fast geläufig, habe ein Dichter nicht zu dichten. Erich Fried hielt nichts von der Aura des Dichters: eben weil er einer war. Das war Handwerk und Inspiration in einem. Mal gelingt es, meistens nicht.

In einem langen Leben habe ich mit vielen bedeutenden Lyrikern vertrauten Umgang gehabt.

Sie alle warteten jeweils auf den Einfall, die fehlende Zeile oder Strophe. Dann gab es, für die Zwischenzeit des Wartens, zwei mögliche Haltungen: die Position Rilke und die Position Gottfried Benn. Entweder die Entscheidung für das Parasitentum oder für das Doppelleben, worin man eine nützliche Tätigkeit ausübt und gleichzeitig wartet, bis die Sprache sich öffnet.

Erich Fried hat bisweilen diesen Dualismus unterlaufen, doch machte er sich nichts vor. Er schrieb immer wieder schnell, wie bei jener Tagung zu Wien, doch er warf dann fast alles auch sogleich wieder weg. Darin unterschied er sich von Johannes R. Becher, der auch laufend und geläufig dichten konnte, dann jedoch alles drukken ließ.

■ Seit dem Beginn der 60er Jahre haben wir uns an vielen Stellen und in vielen Städten getroffen. Einen persönlichen Streit, wenn wir beide zugegen waren, hat es niemals gegeben. Immer wieder diese nahe und tiefe Vertraulichkeit: in London und Wien, in Berlin und Hannover. Dennoch war ich überrascht im Jahre 1986, als Erichs 65. Geburtstag bevorstand, daß er gerade mich bitten ließ, bei der großen Feier im Wiener Konzerthaus, also vor mehr als 2 000 Menschen, die Geburtstagsrede zu halten. Ich habe sofort zugesagt.

Wer die Feier erlebt hat, wird sie nicht vergessen. Der österreichische Bundeskanzler überreichte ihm den Großen Staatspreis für Literatur. Erich Fried hielt keine Dankrede, sondern las am Schluß seine Gedichte, in denen von Dankbarkeit nicht besonders viel gesprochen wurde. Aber im Grunde habe ich erst an diesem Abend begriffen, welche dichterische Dimension hier spürbar wurde. Ich hatte Erichs Texte stets ernstgenommen, auch dort, wo ich entweder mit der Aussage nicht zurechtkam, oder wenig überzeugt wurde durch die Faktur des einzelnen Textes. Uneingeschränkt bewundert hatte ich stets den Übersetzer Erich Fried.

Nun aber, im Wiener Konzerthaus, wo es vibrierte in den vielen zumeist jungen Menschen und wo unzweifelhaft ein nicht minder »poetisches Klima« spürbar wurde als bei der Lesung eines Peter Huchel oder Paul Celan, begriff ich, daß der Lyriker Erich Fried meine eigenen Vorstellungen von politischer Lyrik zu revidieren begann. Ich war immer noch fixiert gewesen auf die Meister der Neuen Sachlichkeit aus den 20er Jahren: Kurt Tucholsky und Erich Kästner. Und natürlich auf den Dichter der »Hauspostille« und der »Buckower Elegien«.

Erich Fried hat in der Tat unsere Vorstellungen von der politischen Lyrik wesentlich verändert.

Das erfährt man heute immer wieder, wenn man mit den »nachgeborenen« jungen Dichtern spricht. Die bisherige Lyrik war angelegt auf die Aussage und die Thematik. Bei Erich Fried gab es gar nicht so besonders häufig ein »lyrisches Ich« im Gedicht, auch dort nicht immer, wo in der ersten Person gesprochen wurde. Dominierend war die Sprache. Ihr wurde die Aussage abgelauscht. Sie hatte sich nicht in den Dienst einer Aussage zu stellen. Der besondere Zauber der späten Lyrik von Erich Fried liegt darin, daß er im Verlauf eines langen und qualvollen Sterbens, das ihn mehr und mehr inspiriert hat, die Einheit vollziehen konnte zwischen der objektiven Unendlichkeit von Sprache und der Subjektivität des lyrischen Ich.

■ Augenblicke mit Erich Fried. Als er tot war, kam er mir immer näher. Ich versuchte seine Gestalt für mich zu deuten: den Freund, den scheinbaren Widersacher, den Dichter mit seinem besonderen Dichtertum. Dann hatte ich mir die Frage zu beantworten, wie es möglich war, *daß Erich Fried als lyrischer Dichter ein öffentliches Ereignis werden konnte,* eine Instanz für eine immer bereitwilliger zuhörende junge Generation. Es konnte nicht die Aussage sein, die man bisweilen durch andere Redner und Prosaschreiber genau so gut erfahren durfte. Es war dieser besondere Mensch: Erich Fried. Er war nicht schön, nicht tugendhaft, nicht weise im Sinne eines vorsichtigen Abwägens, er konnte bisweilen sogar ein Ärgernis sein, und er hat es gewußt.

Doch kann ich mir nicht helfen: für mich ist er, und das wird wahrscheinlich nur ein Jude verstehen können, *einer der jüdischen Gerechten gewesen*. Ein Zaddik. Diesen Begriff gibt es seit Jahrhunderten in der europäischen Literatur. Voltaire hat eine solche Figur als Titel des Romans »Zadig« gewählt. Der Gerechte in der Tradition der Chassidim muß nicht schön sein oder tugendhaft, nicht fromm im Sinne der Orthodoxie oder weise im Sinne des Talmud. Er ist ein Erwählter. Auch Ernst Bloch hat über diese Form des Zaddik nachgedacht. Warum trifft die Erwählung nicht den frommen Rabbiner in einer der chassidischen Geschichten, sondern einen unfreundlichen und gar nicht besonders strenggläubigen Mann aus der Gemeinde des Rabbis? In der ernsten Stunde der Wahrheit ist er dann plötzlich sichtbar: der Gerechte.

Etwas davon habe ich immer gespürt, wie ich heute weiß, wenn ich mit Erich Fried zusammen war. Gespürt haben es viele. ■

REDE AUF ERICH FRIED

Gehalten in Wien am 29. April 1986

■ Eine Rede auf Erich Fried, sogar eine Geburtstagsrede? Noch dazu in seiner Anwesenheit? Da sollte man auf der Hut sein. Ich kenne ihn. Dann sitzt er da, und dichtet heimlich. Nur aus Höflichkeit holt er kein Zettelchen heraus, um etwas zu notieren.

Dergleichen kann ich bezeugen: ich habe es drei Tage hintereinander beobachten können, und zwar hier in Wien. Genauer ausgesagt: im Palais Palffy am Josephsplatz. Das ist auch schon wieder zwanzig Jahre her; Erich war damals ein Vierziger, er kam aus London. Symposion der Österreichischen Gesellschaft für Literatur: über den modernen Roman. Mit glanzvoller Besetzung: Elias Canetti und Manès Sperber und Robbe-Grillet, Russen und Tschechen und Südslawen, die Österreicher und die Bundesdeutschen. Letztere freilich mit Maßen, ich weiß nicht warum. Und Erich Fried, der kein Romanschreiber ist.

Es gab eine strenge Sitzordnung am großen

Viereck. Dort mußte man drei Tage lang präsent sein und sitzen bleiben. Erich saß neben mir, ich konnte ihn beobachten. Das war bisweilen viel spannender als das jeweils ablaufende Tagungsgeschehen mit Referat oder Lesung und Diskutieren. Erich hörte genau zu, das entging mir nicht, zugleich aber hörte er überhaupt nicht zu. Er dichtete. Unablässig. Seite um Seite, Zettel auf Zettel. Wenn wieder etwas fertig geworden war, schob er es mir herüber. Meistens handelten die Verszeilen von den Steinen, oder schlechthin von Steinen. Nachwehen vielleicht noch seines Gedichtbandes »Reich der Steine« von 1963. Einiges von dem, so glaube ich mich zu erinnern, war gut; gleich beim ersten Entwurf; anderes enthielt, wie stets auch bei Erich Frieds mißglückten Texten, ein paar gute Zeilen. Manches Gekritzel war überhaupt nicht als Text gedacht, sondern als Jux. Gleichsam als innerer Aufstand gegen soviel den Raum erfüllendes Reden über Literatur.

Dabei hörte er – wie brachte er das fertig? – genau zu, meldete sich auch zu Wort, hatte gut aufgepaßt.

Ich habe oft daran zurückgedacht, weil mir diese Zeugenschaft half, die Eigenart des Dichters Erich Fried besser zu verstehen. Die scheinbare Leichtigkeit seiner Arbeit an lyrischen Texten hatte ich ursprünglich nicht besonders hoch eingeschätzt. Ich hatte damals viel Umgang mit Peter Huchel und Paul Celan, deren schweres Arbeiten am Wort mir, dem Nicht-Dichter, stellvertretend zu sein schien für ein überaus schweres Künstlertum.

Hier aber saß einer und schien überzuströmen vor Wörtern und Worten, Wortspielen und Wörtlichkeiten. Wer so arbeitete, das weiß ich heute, hatte es nicht leichter, er war auch nicht leichtfertiger als Huchel oder Celan oder Rilke: es wirkte in ihm bloß *die andere Form des Ausdruckszwangs*. Sie war auch keine Besonderheit dieses Lyrikers Erich Fried. Andere hatten diesen immer wieder einzudämmenden Überschwang der lyrischen Berauschung auch durchlebt. Clemens Brentano etwa hatte so dichten müssen, und auch ihm war immer wieder einiges mißlungen.

Ausdruckszwang aber war es immer. Folglich eine *Heimsuchung*. Wem das zufiel, der hat ein schweres Leben zu führen. Auch er, Erich Fried, hat ein schweres Leben auf sich genommen: geprägt durch diesen seltsamen Ausdruckszwang. Zumal sich dieser, was mit unserer Lebenszeit zusammenhängt, nicht dem Bukolischen öffnen durfte; schon gar nicht einer mitten im Dritten Reich praktizierten Hingabe der Lyriker an das scheinbar menschenlose Natürliche. »Lyrik der

Lurche und Molche« hat das einmal, in der Nachkriegszeit, der Lyriker Stephan Hermlin spöttisch genannt. *Erich Frieds Ausdruckszwang galt den Menschen und ihren Befindlichkeiten.* Er haßt alles Menschenlose als ein Unmenschliches. So macht man sich Feinde. Wenn der Überbau nicht mehr oben bleiben will, unerreichbar fern, sondern mitten an der Basis angetroffen wird, dann hört für viele, nicht allein für viele Kritiker, der Spaß auf: nämlich das interessenlose Wohlgefallen. Erich Fried hat stets über Interessen geschrieben, und er hat sich auch immer zu den eigenen Interessen, den gesellschaftlichen vor allem, besonders bekannt. Damit macht man sich auch viele Freunde. Wir erleben es heute und hier.

■ Lassen Sie mich von den *vier großen Begabungen* unseres Freundes sprechen. Die *dichterische* versteht sich von selbst. Und wenn irgendwann einmal den Dramaturgen gesetzlich verboten sein wird, sich ein Zubrot als Shakespeare-Übersetzer zu verdienen, wird man entdecken, daß Erich Fried uns, nach August Wilhelm Schlegel, einen wahrhaft nachgedichteten deutschen Shakespeare geschenkt hat. Als einer, der sich von den eifrigen Nachdichtern durch zweierlei unterscheidet: er ist selbst ein Dichter, und er kann wirklich englisch.

Die *zweite* Begabung ist die für den *Großen Zorn*. Den Zorn nämlich der Propheten und der Großen Nörgler. Er ist nicht zu verwechseln mit dem kleinen Ärger und dem bloßen, doch folgenlosen Mißvergnügen an den Zeitumständen. Erich Fried kennt den großen Zorn. Das macht: *er liebt wirklich den Frieden*, den inneren wie den äußeren. Er redet nicht bloß davon. So war um ihn immer, wie um den bayerischen Bäckerjungen und großen Schriftsteller Oskar Maria Graf, viel »Unruhe um einen Friedfertigen«.

Seinem Großen Zorn hat Erich Fried einmal, vor fünf Jahren, in dem Gedichtband »Lebensschatten« eine Begründung von sechs Zeilen gegeben. Überschrift »Status quo«: also Beibehaltung des gegenwärtigen Zustandes. Das Gedicht antwortet:

> Wer will
> daß die Welt
> so bleibt
> wie sie ist
> der will nicht
> daß sie bleibt.

Erich Frieds *dritte* Begabung ist die eines *großen Clowns*. Damit verkörpert er unter uns etwas sehr Seltenes: den weisen Shakespeare-Narren;

doch nicht ohnmächtig, wie der zornige Thersites in »Troilus und Cressida«, der bloß schimpfen kann inmitten der Barbarei von Krieg und brutalem Genießen. Fried ist ein guter Clown, weil er, bei allem Zorn, auch stets die Komik zu entdekken vermag: sogar bei den Freunden und Parteigängern, auch bei sich selbst. So erregt er immer wieder Unbehagen bei den Fundamentalisten, aber freudige Überraschung bei allen, die verhindern möchten, daß die Welt nur noch Feinde kennt und angebliche Freunde. Wie oft hat Erich Fried in öffentlichen Diskussionen plötzlich das Wort genommen, um Gegner der eigenen Ansichten in Schutz zu nehmen gegen irgendwelche Vernichtungsdekrete. Das macht: *er ist wirklich ein Demokrat.*

Die *vierte* Begabung ist vielleicht die größte, neben dem poetischen Ausdruckszwang. Es ist seine Begabung für *Freundschaft.* Sie hat bewirkt, daß er sich Achtung und oft auch Zuneigung erwerben konnte bei Menschen, die anderer Meinung waren als er selbst. Bei jenen freilich nur, die eben bloß Meinungen hatten und äußerten, nicht jedoch pochten auf »unumstößliche Grundsätze«. Solchen freilich ist er ein Ärgernis geblieben.

Wie ist diese seltene Begabung für Freundschaft, ohne alle Gefühlsamkeit einstiger Freundschaftskulte, zu erklären? Sie hängt, wie ich meine, mit dem geringen Schaden zusammen, den irgendwelche jüdische und christliche *Todsünden* in seinem Leben anzurichten vermochten. Erich Fried, der Jude, lehnt sich erbittert auf gegen die Losung Auge um Auge, Zahn um Zahn. Er heißt den Mord einen Mord und gewährt ihm nicht die zweifelhafte Beschönigung einer sogenannten »Hinrichtung«. Deshalb ist Freundschaft bei und für Erich Fried auch keine Vertraulichkeit der Kumpanei oder ein Sterbe-Ritual von Verschworenen, sondern *Sorge um den anderen Menschen.*

Ich habe selten einen Menschen gefunden, noch dazu in der Welt der Literaten, der so unzugänglich wäre für die beiden Todsünden *Geiz* und *Neid.* Erich Fried praktiziert das neidlose Lob, und seine Warnungen sind Freundeswort. Das macht: *er ist nach wie vor ein Humanist* in den finsteren Zeiten des Entweder-Oder und des »So oder so!«.

Vor bald fünfzig Jahren starb hier in Wien der Große Nörgler. Der junge Erich Fried schrieb mitten im Zweiten Weltkrieg ein Sonett mit der Überschrift »Für Karl Kraus«:

Du warst der Kläger und du warst der
Richter
Und eine Fackel in der Dämmerung.
Verkrümmt und alternd bliebst du grad
und jung,
In kranker Zeit ein tiefgekränkter Dichter.

Noch liebesstark in deinen Bitternissen
Und drum zu streng: Nicht viel schien
Liebe wert.
Und so hast du uns Wort und Spott gelehrt
Und schliffst uns scharf zur Schneide das
Gewissen.

Du irrtest oft. Es hat dich dein Verstand
Von Glück und Hoffnung sehr weit fortge-
tragen,
Doch öfter trafst du: Moder stand in
Brand.
Und rühmend darf man dieses von dir
sagen:
An ihren *Worten* hast du sie erkannt,
Mit *ihren* Worten hast du sie geschlagen.

In kranker Zeit ein tiefgekränkter Dichter. Das gilt auch für ihn selbst: für Erich Fried.

Der Clown in ihm, oder auch der Don Quijote, den er in einem Gedicht auf sich selbst beschworen hat, weiß zugleich, daß sie immer furchtbarer geworden sind, die Windmühlenflügel der Macht und der Dummheit. Der Große Nörgler ist hoffnungslos gestorben. Erich Fried gibt es nicht preis, das Prinzip Hoffnung. Ein Gedicht vom Jahre 1979 kennt den Selbstzweifel:

Ungewiß

Aus dem Leben
bin ich
in die Gedichte gegangen

Aus den Gedichten
bin ich
ins Leben gegangen

Welcher Weg
wird am Ende
besser gewesen sein?

Lieber Erich, das war kein Entweder-Oder, glücklicherweise. Es war stets beides, und das war gut so. Wir danken es Dir: in dieser Stunde, und die Nachgeborenen sollten es nicht vergessen! ■

DEM ANDENKEN ERICH FRIEDS

Rede auf der Trauerfeier des Wiener Burgtheaters am 11. Dezember 1988

■ Vom *Dichter Erich Fried* soll zuerst gesprochen werden, aus diesem Anlaß und an dieser Stelle. Von ihm her nämlich ist alles gekommen, was wir erlebt haben mit ihm und durch ihn: vom unablässigen Strömen der Sprache, das Körper und Geist des Gezeichneten in jedem Augenblick durchzog. Strom der Sprache, genauer noch: Strömen der zärtlich geliebten Wörter, denen Erich Fried ihr Geheimnis ablauschte, ihren Nebensinn, ihre Widersprüche.

Dessen war er sich immer bewußt. Leben und Sprechen, Leben und Schreiben waren ihm eins. Er hat noch in den letzten Momenten, in der Intensivstation, unlesbare Aufzeichnungen gemacht. Er hat bis zuletzt als ein Schreibender gelebt.

Das war ein »Ausdruckszwang«: auch in einem Sinne, den der von Fried politisch mißbilligte, doch heimlich bewunderte Lyriker Gottfried Benn beschrieben hatte. Es war eben dies Ausdruckszwang, und es war doch ganz anders beim Schreiben und Dichten von Erich Fried. Aber das

Benn-Prinzip einer »monologischen Dichtung« hielt Fried nicht allein für undenkbar, sondern vor allem für unmenschlich. Der Dichter braucht die *Anrede*, den oder die *Partner*, er will Sprecher sein für die Sprachlosen. Vor allem für ihr sprachloses Leid. Kaum bei einem anderen Lyriker unter meinen Zeitgenossen habe ich so stark wie bei Erich Fried die Wahrheit begriffen, die Goethes Dichter Torquato Tasso in die Verse zusammendrängt:

> Und wenn der Mensch in seiner Qual
> verstummt,
> Gab mir ein Gott, zu sagen, wie ich leide.

Ein Gott der Sprache und der Dichter. Und das Sagen des Dichters war verstanden als ein *stellvertretendes Sprechen*: im Zorn und in der Liebe, in der Freundschaft wie der Einsamkeit.

Auch dies hat er natürlich gewußt, Erich Fried, und er hat es gesagt und aufgeschrieben in den drei qualvollen letzten Jahren der Krankheit. Ein Gedicht schickte er mir am 4. Februar 1986: als wir dabei waren, seine Geburtstagsfeier im Wiener Konzerthaus zum 65. Geburtstag vorzubereiten. Keiner von uns war damals sicher, daß Erich dabeisein würde. Auch er nicht. So entstand das Gedicht »Hilfe«.

Hilfe

Nacht für Nacht
suche ich Trost und Ermutigung
in den Gedichten
Toter und Lebender.

Nacht für Nacht
enttäuschen mich ihre Gedichte
weil ich bei ihnen so wenig
Trost und Ermutigung finde.

Nacht für Nacht
helfen mir ihre Gedichte
weil sie Ermutigung suchen
und Trost wie ich.

In diesen zwölf Zeilen ist eine ganze Poetik enthalten, nicht allein das poetische Bekenntnis eines Leidenden. Es umschreibt vielmehr wesentliche Züge *aller* Dichtung: ganz im Sinne des Goetheschen »zu sagen, wie ich leide«. Auch die Dichtung, das wußte Fried, und er hat auch das gesagt, muß sich hüten, erbaulich sein zu wollen. Erbauliche Trostgedichte sind verlogen, sind: schlechte Literatur. Den Trost gewähren die Dichter, das verstand der Kranke in seinen ruhelosen Nächten, durch ihr *Suchen* nach Trost.

Leiden nämlich bedeutet immer auch zugleich: *Leben*. Erich Fried war kein Dichter des Lamento und der Jeremiaden. Er wollte ein Dichter des *ganzen Lebens* sein, in all seinen Erscheinungsformen: *mit Ausnahme der Gewalt*. Er war ein heiterer Mensch, auch als Leidender, auch zuletzt noch. Seine Liebesgedichte waren es wirklich. Leben, Lieben und Dichten, auch das hat er selbst ausgesprochen, waren untrennbar für ihn.

Untrennbar war auch für ihn der Zusammenhang zwischen dem dichterischen Benennen unwürdiger Zustände, und dem Versuch, *die menschliche Würde gegen Unwürdiges zu verteidigen*.

Leid war ihm nicht gleich Leid. Es gab das Leid aus der *Notwendigkeit* menschlicher Begrenzung. Und es gab das Leid – nicht der Freiheit, sondern der *Unfreiheit*. Da mußte gesprochen werden.

In einem seiner bedeutendsten Gedichte, das er selbst auch für besonders wichtig hielt, offenbart der Satz

»es ist wie es ist«

all seine Zweideutigkeit. Einmal Notwendigkeit; dann aber auch einen Zustand, einen status quo, der durchaus nicht verdient, so zu bleiben, »wie es ist«. Hier wird Erich Frieds Dichten zum *Inbegriff des Widerstehens*.

In einem Fernsehfilm über ihn, den ich vor kurzem sehen konnte, wird Fried durch einen nicht besonders scharfsinnigen und auch nicht besonders gutwilligen Dialogpartner gefragt: ob denn nun alles unbedingt »politisch« sein müsse. Dabei wurde Frieds Gedichtband »Liebesgedichte« mit spitzen Fingern und gleichsam strafend emporgehalten. Erich Fried antwortete gelassen, als ein geschulter Dialektiker: »Aber das ist doch bereits eine politische Frage!«

■ *Welchen* Widerstand aber hat er gemeint, der Dichter Erich Fried? Und was hat ursprünglich, gleichsam als *stellvertretende Lebenserfahrung*, den Willen zum Widerstand in ihm erweckt?

Hier muß vom *Österreicher* Erich Fried gesprochen werden und von dem *Juden* dieses Namens. Fried wurde hier in der Stadt am 6. Mai 1921 geboren. Kleine jüdische Leute. Sechs Jahre später, am 15. Juli 1927, gab es einen Aufstand des Volkes in dieser Stadt gegen politisches Unrecht: es brannte der Justizpalast. Erich Fried hat immer wieder betont, daß er in seinem Leben, als ein Sechsjähriger, mit diesen Vorgängen, und wohl auch mit dem Verhalten seiner Umwelt, *die erste überpersönliche Regung von Empörung und Zorn* verband. Man darf ihm das glauben. Wir wissen heute alle, seit *Sigmund Freud* uns beim

Erinnern half, daß viel mehr in unseren ersten Lebensjahren gespeichert wurde, als wir ahnen möchten. Ich selbst verbinde in meinem Leben die erste überpersönliche Empörung mit den Berichten über die Abschlachtung der Rosa Luxemburg. Damals war ich elf.

Es sind nicht immer die quantitativ besonders abscheulichen Untaten, die unser Fühlen treffen. Die Affäre des jüdischen Hauptmanns Alfred Dreyfus in Frankreich. Die Ermordung von Jean Jaurès zu Beginn, und der Liebknecht-Luxemburg gleich nach dem Ende eines Ersten Weltkriegs. Der Brand des Justizpalastes mit dem Wüten der Meute des Wiener Polizeipräsidenten Schober, und fast sechs Jahre später der Berliner Reichstagsbrand. Dergleichen vergißt man nicht als Zeitgenosse. Hier gibt es keine Verjährung.

Der brennende Justizpalast: er bedeutet, von heute aus gesehen, vor allem auch eine *Kontinuität großer österreichischer Literatur.* Von *Karl Kraus* zu *Elias Canetti.* Von Elias Canetti zu *Erich Fried.*

Karl Kraus war niemals größer, seit er die »Letzten Tage der Menschheit« beenden konnte, als in jenen Sommertagen des Jahres 1927. An den Plakatsäulen konnte man, versehen mit der Unterschrift »Karl Kraus«, einen einzigen Satz lesen, worin der Polizeipräsident Schober zum

Rücktritt aufgefordert wurde. Der dachte nicht daran. Er habe, wie er mitteilen ließ, »Nur seine Pflicht getan«: wie so viele vor ihm *und nach ihm*.

Elias Canetti hat berichtet, wie seine eigene schriftstellerische Erweckung – »Die Fackel im Ohr« – mit *zwei* Erfahrungen zusammenhing: mit dem Wirken von Karl Kraus, und mit dem Anblick der Masse im Angesicht des brennenden Justizgebäudes. Hier entstand, in dieser Konstellation, Canettis späteres Hauptwerk »Masse und Macht«, das so wenig gelesen wird, und das man so dringend lesen sollte, wenn man sich Sorgen macht über alles Künftige.

Freilich gab es auch eine andere österreichische Literaturreaktion auf den Brandtag. *Heimito von Doderer* ließ uns wissen, wie er das brennende Gebäude des Rechts und der Rechtsprechung damals erlebte. Als eine »Geruchssymphonie«.

■ Dann der Februar 1934, der März 1938. Frieds Vater wird von einem Nazi ermordet. Die Mutter, aus alter österreichischer Juristenfamilie, protestiert im Gerichtssaal gegen den Mörder und wird verhaftet. Es gibt aber Hilfe in Wien wie in England, wohin Erich Fried geflohen war. Lord Louis Mountbatten, Mitglied der Royal Family, der später selbst ermordet wurde, besorgt das Visum für die Mutter: im letzten Augenblick.

■ Dann das *Exil*. Die fremde englische Welt.

»Die englischen Verhältnisse damals waren nicht die besten; die englischen Regierungen waren schwachsinnig.«

Das sagt, beim Rückblick auf damals, der Professor Robert in dem Theaterstück »Heldenplatz« von Thomas Bernhard.

Heimatlos mit siebzehn Jahren. Wieviel Englisch hat er gekonnt, als er 1938 in London ankam? Er war noch jung. *So konnte das Exil zur Erweckung führen.* Zuerst Hilfsarbeiter, das Übliche, doch bereits auch das Unübliche: Milchchemiker oder Glasarbeiter. Auch Bibliothekar. *Und die neue Sprache:* damit ein neues Strömen der Sprache in ihm selbst. Es beginnt die Arbeit des *Nachdichters* Erich Fried. Der Lyriker spezialisiert sich auf Dramatisches: T. S. Elliot, John Synge. Vor allem die Bekanntschaft, dann Freundschaft mit *Dylan Thomas* erzeugt eigene neue Möglichkeiten für den Ausdruckszwang. Den Gedichten Frieds haben später Leute, die selbst nicht dichten können, aber genau wissen, wie das auszusehen habe: ein deutsches Gedicht, vorgeworfen, er schreibe englische Gedichte in deutscher Sprache.

Man könnte mit einer englischen Redensart darauf gegenfragen, was daran schlecht wäre. Dergleichen hat es immer gegeben. Stefan George begann mit Mallarmé-Gedichten als Vorbild seinen Weg als deutscher Dichter. Erwähnenswert ist der absurde Vorwurf deshalb, weil Fried selbst geantwortet hat. Er bekannte sich zu dem Mann aus Wales, zu Dylan Thomas. Die Bühnenfassung von »Unter dem Milchwald« (Under Milk Wood) wurde dank dem Übersetzer Erich Fried ein großer Erfolg auf den Bühnen deutscher Sprache.

Aber da war mehr. Fried bekannte, seine Freundschaft mit dem genialen Waliser, der mit 39 Jahren sterben sollte, habe auch mit gemeinsamer Bewunderung für große Schriftsteller der englischen Sprache zu tun: für Joyce, für Hopkins, für Cummings. *So wurde der lyrische Typ der Fried-Gedichte möglich.* Es hat immer Besserwisser gegeben, die meinten: das seien überhaupt keine Gedichte. Weil die Texte von Erich Fried in der Tat wenig Gemeinsames haben mit dem wohlbekannten, oft wunderschönen Gedicht einer deutschen Einsamkeit und Innenwelt.

Erich Frieds Gedichte suchen die *Gemeinschaft* auch dort, wo sie von *Einsamkeit* berichten. Es sind demokratische Gedichte. Das klingt banal, doch es gibt keinen besseren Ausdruck. Gedichte eines wahrhaft demokratischen Menschen. Daher sind sie bisweilen rüde, vulgär, plebejisch. Sie legen es oft darauf an, daß gelacht wird. Auch Nonsens ist ihnen, die Umgang hatten mit Angelsachsen, nicht fremd.

Es ist richtig, was *Wieland Schmied* gesagt hat: »Durch Fried hat die deutsche politische Lyrik einen neuen Stellenwert erhalten«. Aber man hat auch in Großbritannien schließlich gewußt, wer sich da immer wieder zu Wort meldete: in Sachen des für Engländer so fremden Kontinents wie in Angelegenheiten seines nunmehr zur Heimat gewordenen Exillandes. Nach Erichs Tode erschien im »Observer« nicht etwa ein Nekrolog oder ein Feuilleton, sondern ein Leitartikel: Da sei eine große Stimme verstummt.

Sprechen wir auch von dem *neuen deutschen Shakespeare*, den er uns vermachte. In Gesprächen und in Briefen aus den letzten Jahren kommt er immer auf jene Stücke zurück, die er gern noch nachgedichtet hätte. Sie strömten bereits in ihm. Aber da war keine Nachfrage, erst recht kein Auftrag. Ich hatte mir immer eine Nachdichtung der Tragödie Eduards II. von Christopher Marlowe gewünscht, weil das Original des Elisabethaners unendlich stärker ist als die Bearbeitung durch Brecht. Fried hätte es gern geleistet. Damals reichten die Kräfte noch aus. Aber kein Auftrag und Bedarf. *Irgendwann wird man den Shakespeare von Erich Fried entdecken.* Das Werk eines Dichters, der vollkommen die beiden Sprachen kannte. Vorerst pflegt man sich am Regiepult und in der Dramaturgie selbst über die Texte herzumachen.

■ *Das Werk eines österreichischen Juden, der zum Emigranten werden mußte.* Da gibt es die Gemeinsamkeiten des Erlebens, die Fried mit Canetti verbanden, mit Joseph Roth, der in Paris zugrunde ging, mit Jean Améry, der nicht mehr leben wollte.

Fried wollte leben, jeden Augenblick noch. Ein Todfeind des Todes sozusagen: mit aller Zweideutigkeit dieser Formel. Darin verwandt dem Denken von Canetti, dem diese Nähe erwünscht war. Es gibt aber noch tiefere *Zeugnisse der einstigen österreichisch-jüdischen Symbiose.* Die kleinen Wiener Juden um das Jahr 1920 trugen immer noch die Erinnerung mit sich an bäuerliche Kindheiten der Eltern und Voreltern im Riesenreich der Habsburger. Vieles von dem, was den einzigartigen Zauber *Gustav Mahlers* ausmacht *und* der Geschichten *Franz Kafkas,* mit den Soldatenweisen und Dienstbotenliedern, den Landärzten, Knechten und Lakaien, lebt weiter auch in den Gedichten und Geschichten von Erich

Fried. Auszählverse, Kinderreime, Liebe und Landschaft und Sterben.

Ein Gedicht von Erich Fried, das erkennt man sogleich. Es hat »Stil«: im Sinne von Goethes Definition.

■ So war es längst fällig, den Dichter Erich Fried auch im Namen *Georg Büchners* zu ehren. Daß er das noch erleben konnte, im Oktober 1987, ist für uns alle, für seine Freunde, ein Grund zur Freude. Daß seine Rede einigen der Festteilnehmer die festliche Stimmung verdarb, war vorauszusehen. Erich hat bisweilen, wenn er polemisierte, unrecht gehabt, weil er falschen Informationen oder der Suada irgendwelcher Fundamentalisten zu gläubig gefolgt war. Er konnte weder gut lügen, noch mißtrauisch abwägen. Allein mit seiner Büchner-Rede war er durchaus im Recht. Fried hat seine Freunde niemals verleugnet. Auch dort nicht, wo er mißbilligte. Nicht Rudi Dutschke, nicht Ulrike Meinhof.

Erich Fried war immer ein Denkspieler. Was wäre, wenn ...: er wurde nicht müde, dies Spiel in Gedanken zu versuchen. Das war nicht Flucht aus der Wirklichkeit, sondern Sehnsucht nach einem würdigeren Leben. Auch dies gehört zu einer *Denktradition von Juden in Österreich*. Das ist Kafka und Joseph Roth, Hermann Broch und Elias Canetti.

Bei Fried diente bisweilen das Spiel zur Demaskierung von Lügen und Phrasen. So auch in der Büchnerpreisrede von 1987. Er holte den Rebellen des »Hessischen Landboten« und Dichter des »Woyzeck« zu sich in die Gegenwart. *Wie hätte Büchner als Zeitgenosse Erich Frieds gelebt und gehandelt?* Büchner forderte den Aufruhr: gegen Aristokraten und Bourgeois, nicht zuletzt gegen intellektuelle Weißwäscher. Flucht, Steckbrief, illegaler Grenzübergang und Exil. Dann der Tod mit 23 Jahren.

Der Büchnerpreisträger Fried sah ihn nicht allein bei den Achtundsechzigern, sondern auch an der Seite seiner Freunde Rudi Dutschke und Ulrike Meinhof. Er sah ihn *nicht,* ausdrücklich nicht!, an der Seite von Mördern und Bombenwerfern. Leise sagte er, man konnte es jetzt im Film wieder sehen und hören, daß Büchner sich in einem solchen Augenblick abgewendet hätte von den bisherigen Freunden.

Läßt man solches Denken des Anachronismus überhaupt zu, so wird man in Büchners Lebenszeugnissen und Werken nichts finden, was dieser Hypothese widerspricht. Das Denkspiel genügte aber, um Zorn zu erregen im Darmstädter Festsaal. Zwischenrufe und Türenknall. Dabei hatte

Fried nichts anderes getan, als zu demonstrieren, daß die großen Dichter nicht erbaulich sind, und ganz sicher keine Mitläufer.

■ Damals, vor einem Jahr im Herbst, war er bereits seit langem ein Sterbender. Er wußte es. *Mehr als drei Jahre hat er bewußt weitergelebt wie bisher, so gut es ging*: arbeitend, reisend, Zuspruch zu geben, Unsinn entwirrend, wohl auch einmal Verwirrung stiftend, wenn man ihn falsch unterrichtet hatte. Weiterdichtend vor allem.

Erich war ein reiner, ein heiterer Mensch. In diesen letzten Jahren hat er gezeigt, was das sein kann: *Menschliche Größe.*

Sein Grab liegt auf dem alten viktorianischen Friedhof von Kensal Green in London. Fried hat ihn gut gekannt, auch aus der Literatur. Gern rezitierte er den Schluß eines Gedichtes von *G. K. Chesterton*, auch als eigenes Credo. Da heißt es:

> For there is good news yet to hear and
> fine things to be seen,
> Before we go to Paradise by way of
> Kensal Green.

Man versteht: gute Nachrichten wird es auch weiterhin geben und Schönes wird man auch weiterhin sehen können: bevor einer sich auf den

Weg macht ins Paradies: mit dem Umweg über Kensal Green.

Eben dies sagt auch Erichs wohl programmatisches letztes Gedicht am Schluß seines letzten Gedichtbandes von 1988:

Statt eines Nachworts

Auch was ich gegen das Leben
geschrieben habe
ist für das Leben geschrieben.
Auch was ich für den Tod
geschrieben habe
ist gegen den Tod geschrieben.

Erich Fried: Ehre seinem Andenken. ■

Exkurs: Paul Celan
für Hans Mayer

1

Nichts
war vergessen
denn
das Vergessen
war
das Nichts

Nichts
was fern werden mußte
konnte vergessen sein
bis zuletzt
denn das Vergessen
entfernt
das Sein
ins Nichtsein

Zuletzt
wog sein mehr und mehr
Nichtvergessenkönnen
mehr
als sein Sein

Exkurs über Paul Celan
für Hans Mayer

Nichts war vergessen
denn
das Vergessen
war
das Nichts

Nichts konnte vergessen sein (von dem [illegible] werden mußte)
bis zuletzt
denn ~~das~~ Vergessen
entfernt ~~wäre~~ ~~konnte~~ das letzte Sein
ins ~~[illegible]~~ Nichtsein ~~sein~~ ~~[illegible]~~
Zuletzt ~~Dann~~ wog
das ~~war das~~ Nichtvergessen
mehr und mehr
mehr als ~~schwerer~~ als das Sein

2

Du aber hast nicht vergessen
daß es das Nichtvergessen ~~war~~
~~das ihm~~
das nicht zu Vergessende war
das ~~[illegible]~~ ins Vergessen entfernt hat
~~sich zu entfernen~~
Du hast es festgehalten
in deinem ~~Exkurs~~ Worte stark und ~~sanft~~ behutsam
als hättest du ihn so festhalten können
Man wird es dir
und man wird
~~dich?~~
~~und ihn~~ — ihn und dich
nicht vergessen

2

Du aber
hast nicht vergessen
daß es das Nichtvergessen
des nicht zu Vergessenden war
das ihn
ins Vergessen entfernt hat

Du
hast das festgehalten
in deinen Worten
stark und behutsam
als hättest du so
ihn
festhalten können

Man wird es dir
und man wird
ihn und dich
nicht vergessen